इज़हार-ए-ख्वाब

प्रवीण चौधरी

First published in India in 2017 by Invincible Publishers

ISBN: 978-93-86148-85-8

Invincible Publishers
G-120, Sushant Lok III, Sector 57, Gurgaon-122002

Opposite Kasturba Ashram, Radaur Distt Yamuna Nagar, Haryana- 135133

विषय-सूची

इजाजत....4

बेरंग पर्दा....7

बूँद....13

मिलन....15

बदलता मौसम....19

उम्मीद....20

तू मेरा होगा....22

तेरी लट....23

खामोश रास्ता....24

प्रेम....25

जमीर....26

आशा....28

साँवला रंग....32

कौन है तुझमें....36

मेरी तनहाई....38

मजबूरी....41

सवाल और जवाब....45

नवीं शुरूआत....48

मेरी कलम....51

अमीरों तरीफ....55

वजूद....57

एक दिन....58

राधा किशन....62

वीर....64

इजहार.......66
नशा.......68
इंसान-हैवान.......71
अकेलापन.......74
तडप.......76
रब की रहमत.......77
मर्जी.......79
तल.......81
कान्हा.......84
आशिकाना आलम.......86
मदहोश.......88
धड़कन.......92
ओस.......95
सफर.......97
बेवफा.......98
जिंदा.......100
माही.......101
खालीपन.......105
मेरी गजल.......107
शायरी.......109

इजाजत

मुझे भी दे इजाजत

बूँद भर तेरे इश्क में रो लेने की

रजनी भर डरावने अंधेरे को चीरकर

जब सुबह सूरज

मेरी आँखों पर लगी बूँद को सोख देता है

और मेरे-तेरे निशान

जो मैंने अतीत रात छोड़े थे

साँवले सपनों की तरह

गुमसुम बिना पते के

मिट्टी में दब जाते हैं

तो, मैं खामोश रहता हूँ

लोग समझते हैं कि

मेरी परवाह बेजुबान जमाना है

जो त्याग देता है,

डूबते हुए को

पर मेरा इश्क तो

परियों से भी परे है

कितनी भी बेज़ुबान बातें निकलकर

पत्थर-ठोकर मारकर भी

इसे जमीन में दफना नहीं सकतीं।

हाँ

मुझे भी दे इजाजत

कि ये चन्द लम्हे, तेरे लिए बर्बाद कर सकूँ

चंद बूँद पानी की, तेरे लिए आबाद कर सकूँ

कुछ पुरानी यादों को खोदकर

फिर से एक नई

शुरूआत कर सकूँ।

मैं छोड़ दूँगा,

जमाने को भी

जिसकी कभी मुझे परवाह ही नहीं थी

मैं हर वो जगह छोड़ दूँगा

जहाँ तुझे सुकून न हो
ताकी तू कहे कि
चल ऊपर, छोड़ दुनिया
तो हस-2 के तुझसे पहले
पहुँच जाऊँगा उस सुकून भरी
जिन्दगी में
इस तन को त्यागकर
तेरे साथ ....
मेरा ईशक चंद लम्हों का नगमा नहीं है
मैं तो पल-2 तेरे इश्क में ही जीता हूँ
मुझे बताने का बस तरीका नहीं है
मुझे इंतजार है
तो बस उस दिन का
जब मेरा दर्द और तनहाई
तुझसे मिलने पर,
तू पढ़ लेगी मेरी डूबती हुई आँखों में।।

-प्रवीण चौधरी

बेरंग पर्दा

मैं,

समझता हूँ कि

वो बेरंग पर्दा

तुझे चुबने लगा है

उन तमाम

सारंग पर्दों की अगुआई में

जिनकी

गुलाबी खुशबू

तुझे भा गई है,

तेरा रोम-रोम

गद्-गद् है आजकल

क्योंकि

वो सारंग पर्दे

मुड़ रहे हैं तेरी ओर

उस बिन मौसम पुरवाई की छाँव में।

और वो बेरंग पर्दा

गुमसुम ही रहता है

दीवार पर टँगी

उन रिसती तस्वीरों की तरह....

जो भी तुझसे

शिकायती लम्हे में

अर्ज नहीं करता

कि ये बिन मौसम पुरवाई

जो उसके

अपदस्थ होने से पहले

गुनगुनाती थी, गीत उसके

इतराकर,

ये सारंग पर्दे

मुझमें ईर्ष्या की हदों को खोदते हैं

पर मेरा भय, चिंता

टाइफूनी तेज हवाओं के तले...

इनकी कमजोर जड़ें

उखड़कर निकल जाएंगी

और तुझे भिगा देंगी

बौछारें बारिश की।

और शायद

मैं भी बस

उस मौला की रहमत से,

रहा होगा कोशिश में

कि रोक सकूँ

सभी अंदर आने वाली

बौछारों, हवाओं को

पर निर्जीव बेरंग पर्दा

खुद ब खुद

नहीं लग सका

रुकावट में

उन बौछारी हवाओं के तले।

आजकल

उन सारंग पर्दों की

सीमाओं के तले ही

लौट जाती है

बिन गुनगुनाए....

पर तू मदमस्त है

उन सारंगी पर्दों की

मनोहर अदाओं में

जिनका चमकीला रंग

तुझे

बिना मेघा की

इन्द्रकला से

शोभित करता है

जो चन्द लम्हे

और खो जाती है

अनन्त आसमान की बेलाओं में!

पर तुझे समझना होगा

कि वो 'रंग'

जो चढ़ा है तेरे पर्दों पर

निकल जाएगा,

अगले सावन की बारिश में,

और समझना होगा

उन रंगों को

जो फितरत, उनके रक्तचाप में है...

इतराकर,

ये सारंग पर्दे

मुझमें ईर्ष्या की हदों को खोते है।

पर मेरा भय चिन्ता

टाईफूनी तेज हवाओं के तले

इनकी कमजोर जडें

उखडकर निकल जायेंगी

और तुझे भिगा देगी

बौछारें बारिश की

और शायद

मैं भी बस

उस मौला की रहमत से

रहा होगा कोशिश में

कि रोक सकूँ

सभी अन्दर आने वाली

बौछारी हवाओं को

पर निर्जीव बेरंग पर्दा

खुद ब खुद

नहीं लग सकता

रूकावट में

उन बौछारी हवाओं के तले

-प्रवीण चौधरी

बूँद

हर बूँद जो गिरती है

मेरी आँखों में

तन्हा नहीं है

तन्हा बिलकुल नहीं है

जब्दो-फिराक में

पल-पल पुरवाई

उसे शोक ले जाती है

मेरी इजाजत के बगैर...

वह

दुश्मन है, रुकावट है

मुझे बयाँ नहीं करने देती

तुझसे, तुझमें

सदियों पुराना बेजोड़ रिश्ता

जैसे

रहा हो कभी

तेरा, तेरी तनहाई से मेरे बगैर

या रहा हो

रिश्ता उस दूरी का

जो रोक देती है मिलने से

क्षितिज यानी तुझे

और मुझे।

-प्रवीण चौधरी

मिलन

तू

जैसे बस तुझमें ही

तुझमें ही खो गया हूँ मैं

तेरे लम्हे तेरी बातें

तेरी यादें, तेरी सांसे

जैसे बस

तुझमें ही जी रहा हूँ मैं......

और वो सांवली रात

जब तूने पिरो लिया

मुझे अपनी गेहंग खुशबू में

जैसे

सिमट गया हो

कभी कोई हवा का सारंग झोंका

किसी पेड़ की छाँव से

ना छटने को आतुर

और छू रहा हो

पेड़ की

हर खुशनुमा आवाज को

जैसे लहरा रहा हो

हर एक-एक पत्ते को

अपने सावनी अंदाज में

और

जैसे चढ़ा दिया हो

अमिट नशीला रंग मुझमें .....

अब हवा का झोंका

पल-2

बिना कोई वक्त गवाए

आदत डाल लेना चाहता है

पेड़ की खुशनुमा आवाजों की

और सिमट जाना चाहता है

अनंत तक

पत्तों की लहरदार

गुत्थियों में

सुलझाना चाहता है

एक-एक गुत्थी अनंत तौर से हर बार

नए सावनी अंदाज में

और

भिगो देना चाहता है

अपने रंग से

उस पेड़ की

हर खुशनुमा परछाई को॥

-प्रवीण चौधरी

मैं-में, मैं और बस .... वो

कुछ ऐसा कर, दुनिया में हों

मैं और बस वो, - - - 2,

चाहे बरबादी कर, चाहे खुशहाली

पर तू कर दे कुछ ऐसा, मैं और बस वो।

उसकी जादुई आँखें, उसकी जादुई साँसे

दुनिया में हो, - - - 2॥

पलकें उसकी रोएँ, आँसू मेरे निकले,

धड़कन को वो धड़के, जाहिर मुझको होए,,

फलों की खुशबू हो, सरगम का बहना।

हों रैनां उसके, जैसे नीर का बहना।।

चंदा की रातें हों, सूरज का खिलना

रातें हो धूप पड़ी, संग तारों दिन गुजरना।।

दुनिया की मांगो को, पूरा तू कर दे,

दे मुझको जख्म अभी, प्रीतम तू रह दे।।

सुनता है तू क्यूँ, देने से बड़कर

कुछ ऐसा दे मुझको, मैं और बस वो।।

-प्रवीण चौधरी

बदलता मौसम

वह इक मौसम था

जब कलम अधरों पर रहती थी

और आज एक मंजर है

जब ये आँखों सी रोती है

वो इक सबेरा था

जब तू मुझमें बसती थी

ये रात कैसी आयी

जो बस तू, अब यादों में रहती है।

-प्रवीण चौधरी

उम्मीद

मुझे उम्मीद है

कि कल को मेरी तेरी सांसे

सुबह के सूरज के साथ

गगन में

पक्षियों की भाँति

एक ताल सुर में

पुरवाई को छूती हुई

आजाद फिरेंगी ......

मुझे उम्मीद है

कि फिर रात भर

ओश की जो बूँदें

तेरी पलकों को

भिगोए रहती हैं

गायब हो जायेंगी

एक चमत्कार की तरह

और वो सारे अमिट निशान

जो तेरे गुलाबी रंग को

मेट रहे थे

समा जाएंगे

खूबसूरत अधरों की मुस्कान पर

तेरे गुलाबी रंग में ......

मुझे उम्मीद है।

- प्रवीण चौधरी

तू मेरा होगा

अब जो खुला है दिल मेरा

अपने भी दिल को खुलने दे

करले चल बातें पल दो पल

कल की है अब ना कोई खबर

ना जाने कल को क्या होगा

सूरज या फिर चंदा होगा

जैसा भी होगा रूप तेरा

तू मेरा मेरा होगा।।

तेरी लट

तेरी लट का यूँ सामने से गुजर जाना
फिर उँगलियों से तेरा उनको अपने बालों पर सजाना।
हल्का-हल्का यूँ फिर तेरा मुसकुराना
धीरे-धीरे से मुझमें निगाहें चुराना।।
मद-मदहोश मुझे कर देता है ......
सावन की बूँदों से तेरा नहाना
और अधरों पर यूँ ही कलम को फिराना।
पैरो में पायल, तेरे हाथों में कंगना
सारंग बन सबका एक संगीत बजना।।
मद-मदहोश मुझे कर देता है ......

-प्रवीण चौधरी

खामोश रास्ता

कास कोई दिल से दिल का

होता एक खामोश रास्ता,

ना जाने दिल फिर गुफ्तगू क्या-क्या करते

और दुनिया को चलता ना कुछ भी पता।

तब तो खामोश सूरज भी रुकता

और धरती को बयां करता,

अरबों सालों से उस दिल की

फेर में पड़ा एक अटूट रिश्ता।

फिर तो प्यासा कुआँ भी चल देता

और झील-मिलन को झट कह देता,

तब वो क्षितिज भी पल-पल मिलता

होर जगन से भी भर बातें करता।

प्रेम

प्रेम पवन पावन बहती है
रिमझिम मेघा की बूँदों में,
सर-सर आहें दिल भरता है
मेरे इस तन्हा मन में।
उस खुमारी, प्रेम में डूबी
प्रेम ही प्रेम है धुन-2 में,
प्रेम बसा है तन में मेरे
प्रेम ही है जग-जीवन में।
मोर पंख सा प्रेम है मेरा
और चंदा जैसा शीतल भी,
धुन बजती है पल-2 मेरे
प्रेम के सूने आँगन में।।

-प्रवीण चौधरी

जमीर

जिस्म की तलब ना कर ए आशिक

हैवानियत की रूह में उतर जाएगा तू फिर

मत भूल तेरे रक्त का लाल रंग

जो चमकता सूरज से,

और तेरी जमीर

जो सजावट है तेरे घरेलू संस्कारों की

बनाए रख उस संस्कारों की अटूट गाँठ को

तू दृढ़ बन ......

साफ कर दे तू सभी काली घटाओं के आकर्षक को

जिन आयामों पर तू जीता रहा है

उनको सींच ले

और खींच दे दीवार

सफेद और काले विचारों के बीच

तू दृढ़ बन .....

अपने ओज की हवाओं में बहने दे

और सभी दिशाओं में घोल दे

तेरे समतल चरित्र की आवाजों

कि हट जाए तुझसे कोशों दूर

अँधियारे विचार और काला रंग

तू दृढ़ बन .....

डूब कर घुल जा उसमें

समाहित होकर देख

-प्रवीण चौधरी

आशा

एक आशा

फिर से जगी है आज मुझमें

उन्हीं पुरानी

सांवली और सफेद

बातों के साँचे से,

पिछले दिनों साथ ही था

तेरे में

साया बनकर हर लम्हा

तेरे साथ जीया हूँ,

तुझे छूने बाले हर

हवा के झोंके में

वजूद था मेरा, कहाँ दफा

तेरे आँखों के दर्द को पीया है मैंने

और शायद!

मैं फिर से जाग गया हूँ

तुझमें

किसी आसमानी शक्ति के साये से,

और फिर से जीने को बेताब हूँ

तुझमें

फिर से उन्हीं यादों के सहारे

उन्हीं बातों का फसाना

उन्हीं आँखों का आशियाना

और तेरी खुशबू

जो आज भी बाँधे हैं

मुझे तुझमें

बस गुजरा है

तो कुछ वक्त

और ढल गयी है

बस एक अर्षे की उम्र

दिल मजबूत हुआ है इस बार

हर जर्रा-2 मेरी रूह का

महसूस कर रहा है

अनन्त आसमान की ऊँचाई को

चल रही है

मेरी कलम इस बार

और लिख रही है

तुझमें

मेरा बेपनाह इश्क

मौसमी फूलों ने

फिर से घेर दिया है

हमारे मिलन की जगहों को

मौसम में बूंदें

फिर से आ गई है

और हवाओं में

मीठा मोहिनी संगीत

प्रकृति गा रही है

खुशबूदार गत

हमारे लिए

और इन्द्रधनुष

छा गया है अनन्त आसमान पर

कि तू फिर लौटी आज

उन्हीं पुरानी

सांवली और सफेद

बातों के साये से ....

-प्रवीण चौधरी

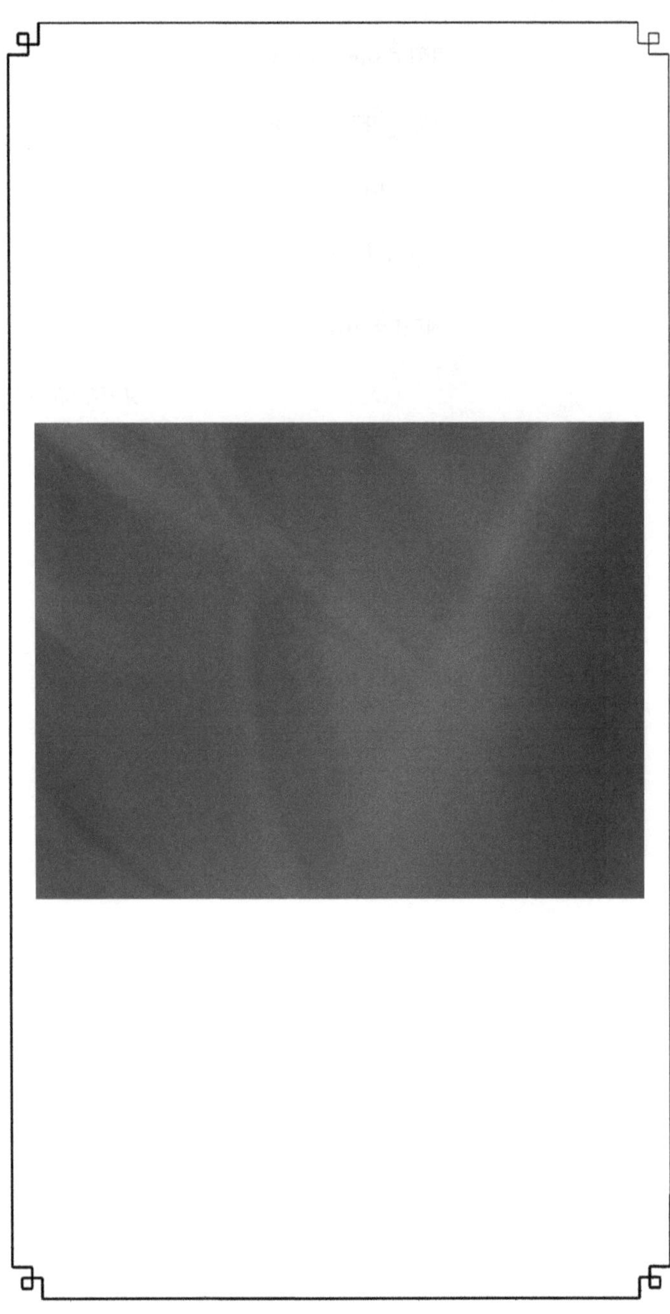

साँवला रंग

वो साँवला रंग

और तीन दिन

एक बड़ी सी खिड़की

और पल-2 रहा, हवा का गमन

ना मैं ही हंसा

ना अधर उसके ही खिले

इंतजार वो रहा

कि पहले कौन कहे।

के पहली-2 भी नजरें

मैं भूलूं तो कैसे

वो मनोरम सी जुल्फें

और तीखी-2 निगाहें

मेरा दिल ले गया

या जोड़ चला गया

एक अटूट रिश्ता

वो साँवला रंग।

उस दिन बारिश की

बूँदों का गाना सुनाना

पल-2 मचलकर

उसका बाहर निकल आना

नजरें चुराना

चुपके-2 उसका मुसकुराना

मेरी सजोई हुई

आदत को भी हर ले गया।

मीरा की मूरत में

कान्हा की रंगत

धड़कन का बढ़ना

उसकी वो झूठी रही संगत

वो पल-2 का

खुद में ही खुद का बहना

वो सारंग संगम

बिन कोई हवाला

वो साँवल रंग

मुझे अधूरा कर गया

रंग अपना चढ़ाकर

मेरा दिल ले गया।

रात अँधियारे तक

सुबह सूरज को लेकर

पल-2 नजरों का आशियाना

या बस झूठा फसाना।।

वो साँवला रंग

और तीन दिन......

शायद चली वो गई

हम अकेले यहाँ

क्या उसके दिल में भी था

या बेवजह ही वफा

में भूलूँ तो कैसे

वो साँवला रंग

मेरा दिल ले गया

या जोड़ चला गया

एक अटूट रिश्ता ....

मुझे जीने का अब कोई शौक नहीं है

नहीं मरना भी मैं अब चाहूँ ......

तेरी धड़कन की वजह से

जिंदा हूँ अब तक

गले मौत को

पल-2 लगाऊँ।

जिस्म भी अभी तक

अलग हैं हमारे

मैं खुद को

यही बस बताऊँ ....

रूह में से निकलकर

फिर जीऊँगा तुझमें

खामोश बातें, जो दिल के कोने में पड़ी हैं

मैं तुझको वो कैसे दिखाऊँ।

-प्रवीण चौधरी

कौन है तुझमें

अगर मुझमें जीना है तुझको

तो फिर खुद को बस

आँसुओं से बचा ले

कीमती होते कितने हैं

गिर गए जमीन पर तो सैलाब लाते हैं

मैं तो बस तेरे करीब ही खड़ा हूँ

साँसों को आजाद कर

पहुँचने दे मुझ तक

क्योंकि जीना मुझे भी है तुझमें ......

देख धड़कन तो मेरी भी आजाद रहती है

हर पल तुझमें डूबने को कहती है

कहती है जीलूं जिस्म में तेरे

क्योंकि मुझमें तो बस

एक साँस रहती है

जो भी कभी हंसती है,

तो कभी मेरे लिए रोती रहती है ......

थाम ले खुद को मैं बेताब हूँ

मिलने को तुझमें

पलक बन्द कर और देख

कौन है तुझमें

आखिर ...... कौन है तुझमें

-प्रवीण चौधरी

मेरी तनहाई

चंद शब्दों में क्या बयाँ करूँ

तेरी यादें या अपनी तनहाई

मैंने कोशिश की

पर नहीं मिटा सका तनहाई को खुद से दूर

कलम की दवात भी सूनी हो गई

और मायूस पन्ने हर तरफ शब्दों को संजोए हैं

और मैं हर उस जगह जहाँ चाहता हूँ

लिखता हूँ मेरी तनहाई तेरे बगैर

ये सोचकर कि ना जाने पर कोई हवा का झोंका

मेरे बिखरे-बिखरे पन्नों को उड़ाकर

भेज देगा कोशों दूर

तेरे पास, तेरे साथ, मेरे बगैर ....

आँखों का जालिम होना लाजमी है

आँसू की एक बूँद नहीं गिरती इनसे
बस दर्द सीने को डुबोया हुआ
ना जाने किस ओर
खींचें ले जा रहा है मुझे
मैं मौत को गले लगने नहीं देता
वजह, लोग फिर तुझ पर जुल्म ढायेंगे
मेरी जान को
हर तरफ से ना जाने क्या-क्या सुनाएंगे .....

ये तो लाजमी है कि
मेरी साँस टूटने पर तेरी साँस का खो जाना
पर मैं खुद में संजोए हूँ
तुझे, तेरी हर याद को ......

हर कतरा-कतरा मेरी रूह का
मुझमें तेरे इश्क को बयां करता है
बस मुझे आस है तेरे लौटने की
क्यूकिं तेरे आने से

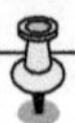

मेरी रूह को साँस मिल जायेगी

इक आस मिल जाएगी

ना मरने की इक

वजह मिल जाएगी .....

वजह मिल जाएगी॥

- प्रवीण चौधरी

मजबूरी

मैं

खुश हूँ

कि आज भी

किसानों के घर दिए जलते हैं

मैं खुश हूँ

कि आज भी

उनके आँगन के चूल्हे का धुआँ

मेरी आँखों को जलाता है

जब मैं उनकी दाल की खुशबू को

डोलची की तश्तरी उठाता हूँ

वो भाप पानी की

पक रहे पानी की

मुझे

झुलसा देती है

और मैं खुश हूँ

बिना किसी जवाब-तलब किए

गम में डूब जाता हूँ।

तब आँखें जैसे

तत्पर हों उनकी झुक जाने को

कि मार डाला हो उन्होंने

खेत में चर रहे गाय को

हवा की भाँति

पर पलटवार करती है

"किसानी कहकर"

कि दाल तो डालना भूल गई

झन-2 आहट किए

झोंपड़े में चली जाती है वो

तब एक पहर

मैं बतियाकर जब ऊब जाता हूँ

और कुछ बोलने को बेबाक

तभी किसानी उलेड़ देती है

सरपट दौड़कर

डोलची में उस कुम्हलाए हुए

बर्तन की मजबूरी को

अब भी मैं खुश हूँ ......

कि आज भी

किसानों के घर दालें पकती हैं

उस लुप्त हुए पानी में

फिर जैसे कि

मैं ही नहीं, मेरी आत्मा भी

डूब जाती है

गम के तले

जब होती है

गरीबी भरी जोर की

डोलची के टूटने की आवाज

और हर तरफ

दाल के छोटे-2 दाने

फैल जाते हैं

अध् पके 'कंकड़ों' की तरह

मैं गम में डूब जाता हूँ।।

-प्रवीण चौधरी

सवाल और जवाब

आज फिर उठी है कलम

कई सवाल हैं घेरे में

और जबाव देने वाला कोई नहीं,

ये चहार दीवारी जो जेल सी लगती है मुझे

घुटन के बड़े-2 बोझे

हर रोज हंसते हैं मुझ पर

और मेरा सूरज जब

हर सुबह निकलता नहीं

तो उसके डलने की निराशा भी नहीं होती मुझे

जैसे मुझ महत्वाकांक्षी को

पीछे खींच रहा है कोई

घनघोर काले अँधेरे में

जैसे लपेट दिया हो किसी ने

मेरे हर अंग-2 पर

कसे परिधानों का पहरा

जैसे कह रहा हो मुझसे

कम सांसे भरने को ......

जैसे मांग रहा हो मेरे पंख

कि ना उड़ पाऊँ

मैं इस अनंत आसमान में .....

कि खुद-ब-खुद पक जाएगी

मेरी महत्वाकांक्षी उड़ान

पर पड़ी बेड़ियां

और अँधेरा भी सफेद चमकने लगेगा

मेरी तेज की आँच से

और मेरे अंगों पर लिपटे परिधान भी

खुल जाएंगे

सजावटी रंगीन औंधें में

और तत्पर कर दूंगा इतना मुझे

कि कई कोषों की ऊचाईं भी

ना रोक पाएगी

मुझे पूरी सांसे भरने से,

और मैं दिखाऊंगा उड़कर

बिना पंखों के

इस दूधिया आसमान की चमक में .....

क्यूकिं मैं निकला हूँ

जुनून, मेहनत और लक्ष्य

की सवारी किए

-प्रवीण चौधरी

नवीं शुरूआत

आँसू जम से गए हैं जैसे

और चीख रही है खामोशी

शोर से तराबोर

इस मौसम में, जैसे हर बार प्रकृति

बदल देती है रंग

और बदल जाती है

हवा की गुनगुनाहट भी

गीली सी अदाओं में ......

तब मुसकुराते हैं वो फूल

जो मौसमों में बदलते हैं

पर

जमे रहते हैं

मजबूत इरादे कुछ अड़ीयल

पेड़ों की छांव में

और वही छांव

फिर शुरूआत करती है किस्सा

जो जीता है

जिंदगी अपने तरीकों से

जो घोल देता है

इन हवाओं में

सूखी हुई उम्मीदों ......

और वापस खींच लाता है

छीनी हुई रोशनी

और समेट देता है

ढ़ेरो चादरें अंधरे की,

खोल देता है पिंजरा

उड़ने लगता है पक्षी

दूर अनंत आसमान में

बरसने लगता है मेघ

गरजने लगते हैं बादल

और बुझा देता है

रेगिस्तान की

पुराने अरसे की प्यास ....

और

वो तरता रहता है

जिंदगी के हर इम्तिहान को

खुली हुई साँसों के साथ

फिर मधुर लगती है

आजाद कोयल की आवाज

और गूंजने लगती है

फिर

उस पेड़ की

छांव की मुस्कुराहट

और तब भी रुकता नहीं

आने वाला हर मौसम

पर इस बार

बदल जाता है

मौसमों का रंग

आजादी की हवाओं में ....

मेरी कलम

कलम चलने को बेताब है

कुछ कहने की जुर्रत में

कि आखिर क्यों मैं कुछ ना लिखूँ ....

मेरे बगीचे के पेड़

कुछ शरमाने लगे हैं

हाँ! तबीयत, वो तो

ठीक है उनकी।।

पर मुझे चिंता है

उनकी खाली जड़ों के बारे में

मिट्टी खिसक रही है चारों ओर

धीरे-2 हल्की-2 आवाज में

और पेड़, उन्हें तो गुमान है

अपने हरे-भरे बागानों पर

हर एक हवा का झोंका

उन्हें गिराने को बेताब है

और उनकी हल्की-2 चीखें

वो तो दब जाती हैं तेज हवाओं के तले

और छोटी कलियाँ वो तो बिन निकले

अंदर ही झुलस गईं।

और कुछ आवारा पेड़

जिन पर अभी तक मिट्टी का ध्यान नहीं गया

उनका डरना है कि

जब बड़े-2 गिरने लगेंगे

तो वह दब जायेंगे

उनके दूर-दूर के सब रिश्तेदार

तलबदार .....

या उनके सब शुभ-चिंतक

उन अवारा पेड़ों तक को भूल जायेंगे।।

जो बागों का वजन

ना सह सकने के कारण टूट गए

उनकी कम वजनीकी शाखाएं भी

हवा के तेज झोंको द्वारा

पलक कर फेंक दी जाती हैं।।

जीवन भर ना कर सकने वाली हिम्मत लेकर

जब 'मैं' मिट्टी के सुनारों के पास पहुँचा

तो उनका बहाना वो सरेआम

मिट्टी सूख गई है बारिश के ना होने से

और खोखली भी शायद

जो दीमक ने उन्हें बना दिया है।।

मेरी शिकायतों का गठेरा

कुछ-2 बारिश की ओर होने लगा

पर वो बेचारी तो मैं भूल बैठा

गुलाम है जंगल में आजाद फिरते हुए

बालों के इशारे की।।

कि आखिर क्या मैं कुछ ना लिखूँ

कलम चलने को बेताब है

कुछ कहने की जुर्रत में

क्या बाघों के शावक सुधर बैठे हैं

कि पर फैलाए हर एक परिंदा

मन भर कर उड़ सकता है।

मन ऊब गए हैं जपकर इतनी सारी

सहाबाज कलंदर की मालाएं।।

और मेरे पेड़

वो तो कब के सूख बैठे

मेरी शाम को ना लौटने वाली राह के किनारे

अब तो शावकों ने जला भी दिया

वाघों की चिताओ में

मेरे सारे बगीचे के पेड़ों को

उन्हें भी लेकर जो जड़-रहित थे।

कि आखिर क्यों मैं कुछ ना लिखूं

कलम बेताब है चलने को

कुछ कहने की जुर्रत में।।

-प्रवीण चौधरी

अमीरों तरीफ

मैं और मेरी कलम

मिलकर खोज रहे हैं

स्याही की बोतलों को

जहाँ एक तरफ

मैं कहने को बेताब हूँ

वहीं कलम की दवात

कहीं खो गई है

कुछ अमीरों तरीफ में .....

चन्द मेजबानों की

या फिर चुरा ली गई है

शायद

इस पर मैं जोर दे सकता हूँ

क्योंकि

अमीरोतरीफ

पहले भी चन्द दफा मैं गुनगुना चुका हूँ

पर जब चोर चालाक हैं

कि दवात ही चुरा ली

कि मैं कुछ ना लिखूँ

मैं ना लिखूँ ...... ।

-प्रवीण चौधरी

वजूद

खोने का

वजूद है दिखता पल-2

मुझे तेरी आँखों में

खो जाने का मुझमें

खो जाने का मुझमें और अतीत

खो जाने का मेरी साँसों में

और अँधियारे भर

तेरी नजरों से

निकलती हुई

पल-2 पानी की बूंदें

खो जाने दे

खो जाने दे मेरी साँसों में .....

-प्रवीण चौधरी

एक दिन

एक सुबह जब मैं उठा,

तो इक चिड़िया चह चहा रही थी।

थोड़ा आगे और बढ़ा तो देखा

सूरज की किरणें बलखा रही थी।।

अल्प दूरी के दृष्टि कोण पर

इक छोटा मोती पाया।

लटक रहा पत्ते पर जैसे

बच्चे पर माँ का साया।।

अंबर में सूरज की लाली
बिखर-2 कर उड़ रही।
उज्वल करती आसमान को
धरती की हर सोनपरी।।

पुष्प मिले धीर-2 से
हवा चले मध्यम-2।
मानव जीवन लग रहा है
जैसे देव लोक में हम।।

प्रथम भोज की तैयारी में
जब पहली चुस्कान ली।
पलट रहा पन्ने खबरों के
कल के कत्ले आम की।।

आँख मूँद मैं कुछ देर
जब तले किवाड़ खड़ा रहा।
समय अवधि का घण्टा बजा
मैं भीड़-भाड़ में आ गया।।

दफ्तर जाकर जब मैंने
अपना पूरा काम किया।
भ्रष्टों की पूरी टोली ने
पूरे दिन आराम किया।।

यतीम की सुनवाई ने
मुझे न्यायपालिका खींच लिया।
देख रहा बैठे-बैठे मैं
पैसे ने क्या-2 किया।।

क्रिकेट मैच भारत का आज
इक अन्तर्राष्ट्रीय मैच था।
प्रतिद्वंदी था खड़ा पाक
और सट्टे का महा पाप था।।

टीवी. चैनल दिखा रहा था
जनता को टोपी कैसी।
नेता जी बोल रहे थे
विपक्ष की ऐसी-तैसी।।

भीड़-भाड़ में चलते-2
मन में कुछ था सूझ रहा।
बारे में कल पन्ने खबरों के
मैं तो कुछ था सोच रहा।।

-प्रवीण चौधरी

राधा किशन

प्रेम की गाथा राधा -किशन की,

हर कोई दूजा गाएगा।

अधरों पैं रखी, मोहन की बाँसुरी,

कोई भूल ना पाएगा।।

प्रेम बाँसुरी कान्हा की........

हर धुन-2 मैं बस प्रेम बसा।

हर एक बूँद पर बारिश की..........

बस कान्हा-2 नाम लिखा।।

वृंदावन की राधा रानी,

साँवला श्याम था गोकुल का।

मोर- मुकुट कान्हा के सर पर,

साँवला रंग सलोना था।

मीरा की भक्ति धुन पर,

वीणा ऐसे गीत सुनाएगा।

हर दूजा-2 प्रेमी................

इस भक्ति में खो जायेगा।।

अपने बृज का कोना-2,

'कान्हा' पर इतराएगा।

कहकर 'कान्हा' उसको जग में

हर कोई अपनाएगा।

-प्रवीण चौधरी

वीर

देखो आज तो वो बन गया वीर
क्योंकि अखबार में छपी है उसकी सुन्दर तस्वीर।
बहस पत्रिकाओं की, छीना-झपटी काफी हुई
फिर तस्वीर छपने की तारीख तय हुई।।

कपडे भी उस रक्त रंग के
हाथ भी तो दूर से कुछ उसके रक्त रंग दिख रहे थे
धब्बे भी शायद कुछ उसकी तस्वीर पर बने होंगे।
सोचा था आज देखो में बन गया वीर
रक्त बहाकर इतना सारा जीत गया उसका जमीर।।

तारीख भी हँस-2 कर बता रहा था
वो अखबारों में जो था
ना जाने गुमान था उसको
उसके रक्त चरित्र पर॥
दर्द तनिक भी नहीं बस सुकून की
सांसे लिए जा रहा था।
याद करके वो सारी चीख-2॥

एक दिन ना जाने क्यों
उसे भी जन्नत की यादें भायी
जोर-2 से गुजारिश करने लगा।
कहने लगा गलतियाँ इंसान ही तो करता है।
बस मुझे माफ कर दो मेरे भाई॥

-प्रवीण चौधरी

इजहार

निर्मल सुन्दर शीतल कोमल

हरियाली हो तुम,

रित बनाकर छोड दी तुमने

कामस आए हो तुम।।

बोलते हो तुम नहीं क्यों

सागर हम भी कैसे पार करें

बोलना तो चाहते पर

कब तक हम यूँ ही मौन रहें

माँग लो ऐसा कुछ हमसे

जिस पर तुम कुछ लिख सको

पत्रिका का पेज हो वो

नाम के साथ पहचान भी हो (नाम हो और पहचान भी हो)

या फिर अपने वायदों को

नजरों में ही व्यक्त करो

सोचने पर हमको तुम भी

थोडा सा मजबूर करो।

रोज सफर करते हो जी

मीलों भर से कम नहीं

बैठते हम भी बगल में,

तुमसे ज्यादा दूर नहीं

-प्रवीण चौधरी

प्यार ऐसे दो अलफाजों का संगम है

जो, जीवन का यथार्थ अर्थ स्पष्ट करता है।

-प्रवीण चौधरी

नशा

है नशा बस आँखों में मेरी
और कुछ भी अब नहीं।
चाहूँ तोहे बस मोरे पीया रे।
और कुछ भी गम नहीं।।

तोहे बिना कैसे मैं जीऊँ।
तोहे बिना कैसे रहूँ।
तुझमें तू अब ना रहे है।
मैं ही मैं तुझमें रहूँ ।।

रात -2 जाग के पीया।

तोसे मिलन को मैं कहूँ।

हर दरिया अब पीर बने है

तोसे पीया मोरे क्या में कहूँ।

तुमसे नहीं मैं जिस्म भी देखूं

तुझसे तो मैं बस खुद ही हूँ।

और पीया मोरे, मन की मचलता।

म्हारे मिलन की वो सचलता।

कैसे कहूँ - कैसे कहूँ।।

गगन में बादल जब- जब बरसे।

बूंद-2 से मैं ये कहूँ

बन के उजाला, तू संदेशा,

मगन मचलता, सुन्दर जल सा,

ज्योति पीया और पीय मैं हूँ।।

-प्रवीण चौधरी

अकसर लोग पूछते हैं

किसके लिए लिखते हो.......

अकसर मैं सोचता हूँ

कास कोई होता.................

-प्रवीण चौधरी

इंसान-हैवान

मिट्टी बस अब रो रही

कह रही तू थम जरा।

नीर अब है घूँट भरता

अब तू क्यों है लड़ रहा।।

सूरज गगन में रोज आता

पर दिखते नहीं उसके निशा।

धरती अब मगैल बनी है

और शनि इसका देवता।।

काम तू पछताए तो

इंसान भी कह दूँ तुझे।

क्षीण तुझको दर्द ना

हैवान है तू बन गया।।

अब पताके दिख रहे हैं

हर चुटकी भर जमीन पर

अंबर भी है अब रो रहा

देख कर तेरा कहा।।

चाँद भी अब गर्म दिखता

जन्म जब से तू लिया।

सब मीनारे खो गई हैं

और फट गए उनके निशां।।

ना बची है ईश पूजा

धर्म तूने खो दिया।

कर्म तू करता नहीं अब

खुद ही खुद का देवता।।

-प्रवीण चौधरी

मेरा कमजोर दिल भावुक हो गया

मैं उसे माफ करके जो चला।

मुझे भी मेरी जन्नत पर उस दिन हुआ गुमान

कम श्रेष्ठ उस दिन जो किया था

बन गया था मैं बडा ही दयावान।।

कुछ और बाद अखबार में एक और खबर आई

तस्वीर अब मेरी छपी थी

आँखें बंद पर चेहरा मुसकुराता हुआ

रक्त रंग में भीगी धब्बों का निशान।।

-प्रवीण चौधरी

अकेलापन

यही है वो मंजर, तूफान का दरिया
खुशियों का अंबर, नजरों का जरिया

तलक दूर धरती, मचलने लगी थी
अंबर से मेघा, झलकने लगी थी
कही एक छोटा, काला सा कंकण
निखरने लगा था उभरने लगा था
धुला दूध में वो उभरकर है नीला
लगे जैसे अंबर का बडा सा टीला।।

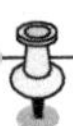

अचानक निकलकर कहीं से वह आया

धरती की सीमा में उसको फसाया

पौधे की कनक हो महसूस आँधी

तडपने लगी थी वो मधु की रानी

बढने लगा है वो छोटा सा पौधा

हजारों हैं दुश्मन, बेचारा अकेला

-प्रवीण चौधरी

तडप

रूठ के मन में

रट लगाकर

निर्मल तुम बन जाती हो

मैं कहता हूँ, टीका नजर का

तुम रोज क्यों लगाती हो

शीतल सुन्दर दिखती हो तुम

मन को तुम हर लेती हो

दूर खड़े उस आसमान में

तडपन क्यों भर देती हो

-प्रवीण चौधरी

रब की रहमत

आँगन-2 मेरे रब के तले
जब गूँज-2 सुर गाते हैं
बनकर कंकर हीरा-मोती
गीता के गीत सुनाते हैं।।

आँगन-2 जब प्रेम की लुटिया
अध डूबी-2 फिरती है
तब प्रेम की आंधी, मेरे रब की
लुटिया को तर कर जाते हैं।।

जब जोर -2 अधरों के तले
नन्हों की हँसी मुस्काती है
तब मेरे रब की इन्द्रधनुष को
बादल के तले इठलाते हैं।।

रौनक-2 उजियारे में

जोगी के तन जब जोग जगे

तब भाँति-2 की सूरत में

मेरे रब ही रोग छुडाते हैं।।

-प्रवीण चौधरी

मर्जी

मुझे जीने का अब कोई शौक नहीं है

नाही मरना भी मैं अब चाहूँ............

तेरी धड़कन की वजह से

जिंदा हूँ अब तक

गले मौत को पल-2 लगाऊँ।

जिस्म भी अभी तक

अलग है हमारे

मैं खुद को

यही बस बताऊँ..........

रूह में से निकलकर

फिर जीऊँगा तुझमें

खामोश बाते, जो दिल में पडी हैं

मैं तुझको वो कैसे दिखाऊँ।

-प्रवीण चौधरी

तल

मत रोक समंदर अबके

मुझे तल तक तू तर जाने दे

तेरे तल की गहराई से

मुझको मोती चुनकर लाने दे

चुने हुए मोती से मुझको

माला एक बनाने दे

और बनी हुई माला से

मुझको राम नाम जप जाने दे

फिर एक-2 मोती मुझको तू

हर नदिया में बहाने दे

जख्म पुराने नदियों के

मुझे झट से तू भर जाने दे

-प्रवीण चौधरी

सोचते हो क्या तुम ऐसा

दिल अगर एहसास भी दे,

बात करना तुम्हें हमीं से

चाहे वो मुलाकात ही हो,,

-प्रवीण चौधरी

पक रहे तेरे इश्क का

उन्हीं माकूल मखमल के

जैसे

बेवक्त बेरंग बातों का

मेघ के शीतल नीर में

किसी पत्ते की भाँति बहकर

मुझ तक पहुँचना

मुझे मदहोश कर देता है।

मैं और बस तू
यही ख्वाहिश है रोम -2 की
जो कतरा-2 बूँद इश्क
को पहरो में बदलते
मौसम की तरह
देख-देखकर ना जाने
कितने बीते लम्हों से
चाहता है
बसना, रहना और
फिर मिलना
मैं और बस तू
यही ख्वाहिश है रोम -2 की
मुझे मदहोश कर देता है।

-प्रवीण चौधरी

कान्हा

कौनो जिस्म में बसा है तू
या फिर कौनो मूरत में है तू छुपा,
हूँ गगन में रोज देखा
पर मुझको नहीं तू दिखा ।।

काहे की मूरत और काहे की सूरत
जब तू नहीं हो यहाँ
इश्क तोसे भी किया ।।

मेघा की रिमझिम में शाम की सरगम में
तू ही बसौऐ पीया
पल 2 में म्हारे , हर पल में म्हारे
तू ही सजोए पीया ।।

मोर मुकुट तू , शीश लगावै

कुंज में तू जो, राग सुनावै

साँवरौ कान्हा, साँवरौ कान्हा

तोरे बिना जीनो कैसो पीया।।

-प्रवीण चौधरी

आशिकाना आलम

आशिके आलम की बातें बेपरवाही दे गईं
जिंदगी के हर सितम को, वो चुराकर ले गईं..............

हर वो मुखडा रूठ बैठा, हम थे जिसको चाहते,
हर वो जर्रा झूठ निकला, हम थे जिसको मानते,,
उसकी आँखों पर वो आँसू, हम को रोना दे गए।
टुकडे दिल के चार कर के, मुस्कुराहट ले गए।।

डसने पल-2 आंसुओं पर, दर्द भी दिए मुझे
जिन्दगी के झूठे वादे, हर मोड पर किए मुझे
दर्द की उन कस्तियों पर, झूल बैठा हूँ सदा।
प्यार की उन रागियों का, इन्तजार इन्तजार इन्तजार।।

चाँद हो या फिर वा तारे, तोड देता उम्र-दर,
मिल जाता जो तू मुझे तो, देर कर देता शिखर,,
अब तो यादें है बस तेरी, जिंदगी की हर डगर।
तनहाइयाँ लिपटी है हर दम, खालीपन फिर भी मगर।।

जिंदगी अब मिट बनी है, सोचता हूँ मैं कहाँ,
यादों में उसके सहारे, जी रहा हूँ मैं यहाँ,,
कस वो अब भी मिले तो, कह सकूँ उसको सितम।
जिंदगी लगती जो मेरी, होती तू भी मेरे संग।।

आशिके आलम की बातें बेपरवाही दे गईं
जिंदगी के हर सितम को, वो चुराकर ले गई...............

-प्रवीण चौधरी

मदहोश

माकूल मखमल के जैसा

बेवक्त बेरंग मुस्कान भरता

इक मदहोश चेहरा

उल्फ पडी लताओं को

यूँ धीरे -2 हवा का छूना

और फिर

हल्के से तेरे होंठों का

वो गुलाबी रंग

जैसे हो धरती का चाँद से मिलना

खिलकर

हर ओर हौले-2

वो चंद अलफाजों को

जी भर कर

उडने का मौका देना

मुझे मदहोश कर देता है।

और फिर

तेरा

कभी किसी इशारे पर

हल्के से पलटना

जैसे हो रंगों का सारंग मिलना

तेरी

उन नजरों का

मुझ तक चंद लम्हों में

सिमटना

मुझे मदहोश कर देता है।

जैसे हो कभी

किसी रात का

अपने भरपूर आगोश में

रंगों को झिलमिल अल्पों में

बिखेर देना

और फिर

धीरे से मुझमें

पल रहे तेरे इश्क का

उन्हीं माकूल मखमल के

जैसे

बेवक्त बेरंग बातों का

मेघ के शीतल नीर में

किसी पत्ते की भाँति बहकर

मुझ तक पहुंचना

मुझे मदहोश कर देता है।

मैं और बस तू

पक रहे तेरे इश्क का

उन्हीं माकूल मखमल के

जैसे

बेवक्त बेरंग बातों का

मेघ के शीतल नीर में

किसी पत्ते कि भाँति बहकर

मुझ तक पहुँचना

मुझे मदहोश कर देता है।

मैं और बस-2 तू

यही ख्वाहिश है रोम-2 की

जो कतरा-2 बूँद इश्क

को पहरों में बदलते

मौसम की तरह

देख देख कर ना जाने

कितने बीते लम्हों से

चाहता है

बसना, रहना और

फिर मिलना

मैं और बस -2 तू

यही ख्वाहिश है रोम-2 की

मुझे मदहोश कर देता है।।

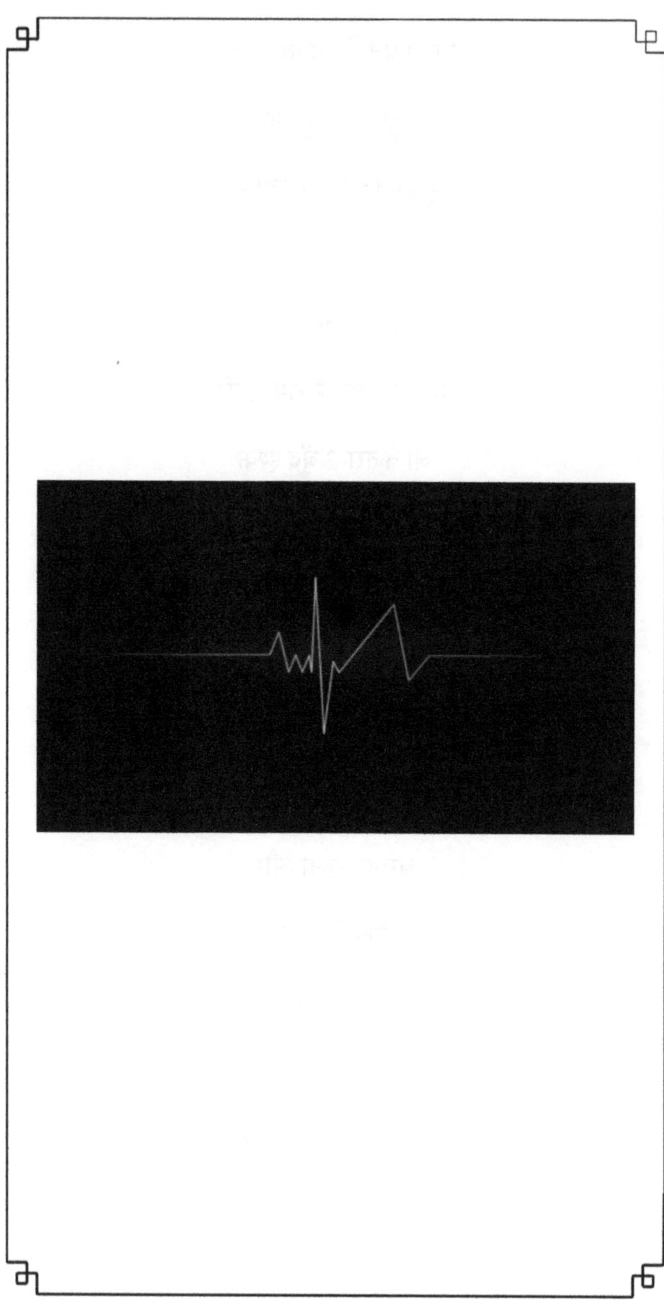

धड़कन

तुझको तो मैंने पलकों के पीछे से ही सपनों में सँजोया,
तेरे आस के संग मेरी आँखों ने भी कुछ तो हे खोया,,
सुंदरता तेरी मुझको तितली के पंखों को समझाए।
डूब रहा हूँ पल-2 तुझमें कैसे कहाँ, क्या जाए।।

धड़कन मेरी बढ़ती जाए
जब सामने तू आ जाए,
प्यार इसी को कहते हैं क्या
मुझको ये कोई समझाए,,

सावन आते ही धरती के कण-2 में है तू बस जाए,

धरती की सुंदर भाषा के अंगों को जैसे तू है बढ़ाए,,

निर्मलता जैसे चंदा की चाँदनी में तू खो जाए।

डोर बंधीं है मेरी तुझसे तू उसको कैसे छुड़ाए।।

धड़कन मेरी बढ़ती जाए

जब सामने तू आ जाए,

फूल खिले मुझको तो उसमें

अंगड़ाती तू ही भाए,,

मेरी तुलना कर दी उनसे

जो हर कोई मुझ जैसा,

क्या लगता जो तुझको मैं दूँ

जग में किसके जैसा,,

धड़कन मेरी रुक सी जाए

जब तू मुझको है बुलाए,

इश्क की दो फरमानी बातें

जब तू मुझको है सुनाए,

आँखें जब भी तेरी-मेरी

आँखों से टकराएँ।

भूल गया मैं अपने तन को,

भूल गया मैं अपने मन को,,

जब तू मुसकुराए।।

धड़कन मेरी बढ़ती जाए

जब सामने तू आ जाए।

प्यार इसी को कहते हैं क्या

मुझको ये कोई समझाए।।

-प्रवीण चौधरी

ओस

नीरस नीरज रजनी भर,

पलक पर ओस रहती है।

उभरती है कभी वो,

तो कभी बस साँस भरती है।।

जब भौर आता है,

तो वो गिरके निखरती है।

फिर चुनके कोई गलियारा,

वो मुस्कान भरती है।।

साँसों पर जम भी जाए,

तो होंठों पर गान करती है।

पास में हो तू अगर मेरे,

तो वो चुपचाप रहती है।।

ना जाने कब वो पलकों से,

गायब है हो जाती।

फिर मासूम सी बनकर,

वो कुछ अलफाज करती है।।

-प्रवीण चौधरी

सफर

नाव सवारी कर मैं निकला,

संग में पुष्प भी बैठा था,

शीतल चंदा चमक रहा था।

सूरज भी कुछ रूण था।।

सात समंदर डोल के आया,

कुछ न कुछ तो पनपा था,,

महसूस किया जब, भँवरों ने।

मेरे फूल का रस जो चूसा था।।

-प्रवीण चौधरी

बेवफा

जुड़ने को था ही क्या,

जो तुम आज जुड़ने लगे,

मैं वहां खड़ा रहा

तुम जाने किधर निकल गए,

मैंने की फिर भी वफा।

तुम बेवफा ही रह गए।।

इतनी दूरी बड़ी

है ये, किस काम की,

मैं उधर खड़ा रहा

तू महफिल सजा रहा,

रात की चाँदनी, डूबने को कहे

मरहम कोई नहीं, जख्म मेरे बड़े

धागे भी टूट गए, जोड़ते-जोड़ते

मरहम कोई नहीं, जख्म मेरे बड़े

नजरें मेरी भी क्या

इतनी कमजोर थीं,

गहराइयाँ मेरी

तुझ पर बोझ थी,

जुड़ने को था ही क्या

जो तुम आज जुड़ने लगे

मैंने की फिर भी वफ़ा।

तुम बेवफा ही रह गए।।

-प्रवीण चौधरी

जिंदा

जिंदा नहीं हूँ मैं

बस परछाई बची है मेरी।

तनहाई दुश्मन है मेरी

कि जाती नहीं है।।

अश्कों से याराना मेरा

आँख जम गई है।

क्या मैं बताऊँ तुझको

कि वो क्या हाल कर गई है।।

-प्रवीण चौधरी

माही

मैं जिस चौखट पर बैठा था

उस चौखट पर ही बैठा हूँ

जब तक माही संग ना आएगा

मैं ऐसे ही बैठा रहता हूँ ......

गुरबत मैं तेरी मौला

लेकर फरियाद कोई

आया हूँ दर पर तेरे

सजकर फकीर माही।

मन्नत कहूँ मैं इसको
या फिर कोई दुआ
मौहलत कहूँ मैं इसको
या फिर कोई पनाह।

माही को संग दे दे
मुझको भी रंग दे दे
चंदन-सारंग के जैसा
मुझको भी संग दे दे।

माही से जीता हूँ मैं
माही से मरता हूँ
माही की साँस में भी
धुन मैं भरता हूँ॥

-प्रवीण चौधरी

ना, मैं हूँ

ना मुहब्बत हूँ मैं

ना मेरा कोई राज है

ना अंदाज हूँ मैं

ना मुझमें ऐसी कोई बात है,

ना सूरत भली

ना सीरत भली

ना कोई जादूगर

ना ही मैं बाजीगर,

ना क्षितिज ही सिरा का

ना तलबार का पानी

ना कायर हूँ मैं

ना वीरों का झोंका,

ना सिकंदर जहाँ का

ना मुकद्दर खुदा का

ना रावण का बेटा

ना देवों का चहेता

ना गंगा का पानी

ना हिमाचल का जानी

ना तीरों सा तीखा

ना ही कोई सलीखा।

-प्रवीण चौधरी

खालीपन

जिस्म भी उदास है
दिल को जंग लग गई
जो भी है बाकी यहाँ
वो बस मेरी तनहाई है,

जपकियाँ भी अब ना जाने
किस दिशा में मुड़ चली
नैना सूखें तो मेरे
नींद भी आए कभी,

रात भर करवट जो बदले

ये खाली सी मस्तियाँ

तब-2 तेरी ही जुल्फें

यादों में आने लगीं,

यादों से उठकर कहीं मैं

जाऊँ तो तनहाई ही

पीछा मेरा छोड़ती नहीं

कहीं परछाई सी,

-प्रवीण चौधरी

मेरी गजल

आपकी इन निगाहों का, सरेआम यूँ इशारा
आपकी इन अदाओं का रुख, गगन को भी गकरा
आप ही आप में खुद को, यूँ खोजना पड़ेगा
आपको भी है रब की कसम, इक नगर हमें
देखना पड़ेगा

आपकी उंगलियों का यूँ, लटों को अजमाना
हम फिदा हैं आप पर, ये गगन भी आंसुओं से कहेगा
जरा रोक लीजिए यूँ, जल्द लम्हों के इन पलों को
ये मूरत नहीं है कोई, जीनत है जिंदगी की।
तुम्हें सोचना पड़ेगा ..... तुम्हें सोचना पड़ेगा।

आपकी नजरों का सूरमा यूँ, मेरी नजरों में उतरे तो

आपके गजरे का महकापन, मेरी साँसों में महके तो

मेरी जिंदगी से जन्न का, शामियाना जल उठेगा

मेरे आँगन का दीपक, घोर उजियारा कर उठेगा।

-प्रवीण चौधरी

शायरी

मेरे ढेरों सवालों का जबाव

और वो दे देता है, एक हल्की सी मुस्कान।।

-प्रवीण चौधरी

देखकर तुझको यकीन होता है

कि कोई इतना भी हसीन होता है।।

-प्रवीण चौधरी

में समझता हूँ, मेरे इशारे को

वे समझती है, मेरे हर इरादे को।।

-प्रवीण चौधरी

क्या कहूँ मैं इसे

ये जो तेरी है जवानी

आग सी है जले

और पानी सही है पानी

-प्रवीण चौधरी

वो जिंदगी जिये जा रहा हूँ में

एक जो में हूँ।

और एक जिसमें रहती है तू।

-प्रवीण चौधरी

तेरी नजरों में है जादू ये कैसा

जो कहती है तू, कर देता हूँ मैं वैसा-2।।

-प्रवीण चौधरी

ये मुहब्बत है या कोई सबक है तेरी आँखों में,

जो कुछ-2 नीली सी हैं और कुछ का रंग है

काली घटाओं जैसा।।

-प्रवीण चौधरी

वो एक मौसम था

जब कलम अधरों पर रहती थी

और इक आज मंजर है

जो यह आँखों सी रोती है।।

-प्रवीण चौधरी

रात को अँधेरा भरा

दिन भर वो पुकारे।

क्यूँ छीन लिया तुने उसको

किस जुल्म की सजा रे।।

-प्रवीण चौधरी

माना में पीया रे उसको

माना में पीया रे।

दर्द भी दिया रे उसने

मार भी दीया रे।।

-प्रवीण चौधरी

सुन-2 रोजा की आवाजें
चाँद दूर मैं आ जाऊँ,
छाँव खड़ी लगती तू मन तर
कैसे मैं वापस जाऊँ ,

-प्रवीण चौधरी

वारिस अंबर से होती है
धरती धूर खिलाती है।
चंदा जैसी दिखने वाली
मुझसे क्यों शरमाती है।

-प्रवीण चौधरी

गम की आँधी ने चलकर दिल को
छार-2 कर छोड़ दिया
और मैं प्यासा मेघा की बूँदों का
अब बूँदों ने टपकना छोड़ दिया।

-प्रवीण चौधरी

मुझको आवारा क्यूँ बोले है दुनिया

बस मेरा है इक ही गुनाह

दिल मैंने अपना जो तुझको दिया है

तेरा दिल जो है मैंने लिया।।

-प्रवीण चौधरी

ये तेरी नजरें कुछ बयां कर रही हैं

शायद! तेरे दास्तांए-दिल की गवाह बन रही हैं

मत सोच आने दे निकलकर तेरी बातों को जुबां पर

मेरी बातें भी तेरी बातों का इन्तजार कर रही हैं।।

-प्रवीण चौधरी

दिल क्यूँ रो रहा है इतना तेरा

कि आँखों से ओश मेरे निकलने लगी

ठहर जा चन्द पल और चाँदनी के

फिर होगी मेरी-तेरी मिलन की गड़ी।।

-प्रवीण चौधरी

अबके मसला कुछ काला सा हो गया है
उसने जमीर बेच दिया, चन्द कागजों में।।

अबके सावन को कह देना लौट जाए
अब यहाँ न आशिक है, न दीवानगी

वो फरास का बूढ़ा पेड़ भी झुक गया
तेरी अदाएँ कुछ इस तरह निराली हैं।।

अपनापन साफ झलक उठता है
जब किसी के पैरों की आहट, सुकून दे देती है।।

प्रगाढ़ रणनीति सदैव वक्त बचाती है
और वही वक्त फिर जीत की गवाही देता है।।

-प्रवीण चौधरी

9 789386 148858

Printed by Libri Plureos GmbH in Hamburg,
Germany